ফেরার আশায়

বই পড়ুন... বই পড়ান...

ফেরার আশায়

কুনাল কান্তি কুলসী

আত্মজা

Ferar Ashay
By Kunal Kanti Kulshi
Published by ATMAJAA PUBLISHERS

ওয়েবঃ www.atmajaa.com

ইমেইলঃ contact@atmajaa.com

ISBN: 978-81-934549-1-6

প্রথম প্রকাশঃ ভাদ্র ১৪২৪
সেপ্টেম্বর ২০১৭

প্রকাশক
আত্মজা পাবলিশার্স
বসন্ত কুসুম, আড়িয়াদহ, কোলকাতা -৫৭

৬৯ টাকা মাত্র

উৎসর্গ

মা'কে

সূচীপত্র

আলোকবর্তিকা

দীপাবলি
শত শত প্রদীপের আলো
সেই মুখ , দুরন্ত সময় পেরিয়ে
একদিন থামি ।
প্রান্তরে শিহরন
শিশির ভেজানো ঘাস
আমায় প্রশ্ন করে শুধু
তোমার , আলোর আর যে গানটা থেমেছিল তার।
আড়াল করতে পারিনা -ভেজা চোখ
আবেগের খেসারত
সব মান ভাঙি
কেবল তুমিই দেখি নেই ।

পথিক

পা খানা পথেই ফেলি
দুরন্ত পেন্ডুলাম
অবসাদ হীন দুলুনি নিয়ে ব্যস্ত ।
থরে থরে পলকে পলকে কেটে কেটে
কসাইয়ের ছুরি, সময়টা সাজানো টোপর ।
তবু পা ফেলি
জন্মের পর - মৃত্যুর আগে
দুখানা চামড়া মোড়া পা
সময়টা ছোঁবার নেশা মেখে , সেই পা ।
গলুইয়ে নখের ডগায়
দগদগে ঘা নিয়ে হেঁটে চলি আরও
শৈশব যৌবন বার্ধক্য
ন্যাড়া চৌমাথা পেরিয়ে , দূর
গরম চুল্লীতে । তারপরও..........
আর একটা আমি
পথটার শেষ হয় না যে ।

আকর্ণ অপেক্ষা

খুব মনে পড়ে- সকালেই
দুপুরে , বিকালে কাজ ফেরৎ
বুকটায় হাত রাখি ফাঁকা
গাছের পাতারা উঁকি মারে , তারপর চাঁদটাও ।
মনে পড়ে
হয়তো অভূক্ত , হয়তো ঘুমিয়ে আছে জিজ্ঞাসা
বলতে পারিনা-
কথারা নিয়েছে ছুটি
আবেগের হিসেব নিকেশ
বুকে পেটে অদ্ভূত খিদের ভিড় ।
কেন বা কীসের রূপ গুলো
সে যেন মূর্ত হয়ে ওঠে
মেঘের বালিশ , মুখ গুঁজে হতাশা ।
বড্ড ক্লান্ত চোখ
ওৎ পাতা পিপাসা -দুই কানে
অবাকের হাতছানি -মনে পড়ে
কার যেন নিঃশব্দ হাত ছুঁয়ে যায় ।
অাকর্ণ অপেক্ষা
বুঝি কোন দিন বুঝবে না কেউ ।

চুমুক

এভাবেই একদিন
উথাল বসন্ত, দোর গোড়ায় শীতঘুম
হিম আর দোপাট্টায় আলতো বাতাস
রক্ত করবী নেশা বুঁদ ।
গোলাপী ঠোঁটের মতো উষ্ণ সে চুমু
ঘুম ঘুম কুয়াশা ছাড়িয়ে
এভাবেই একদিন একখানা হাত
আলতো কঠিন কাঁধে
কু-ঝিক্ ঝিক্ ।

গল্পটা এভাবেই
কেউ মনে করুক বা না করুক
হয়তো কাঁচা নয়তো পাকা চুলে ভর করে
প্রেম এভাবেই ।
শুধু কথা আর কথা
মাঠ ঘাট শিশির দূর্বাঘাস
সব ছাড়িয়ে ইচ্ছেরা বিলি কাটে
গোলাপী ঠোঁটের নীচে আবৃত বুকেতে মাপে
পরশের ঢেউ ।

উষ্ণতা বুঝি
এভাবেই কাছে টানে
দু-প্রান্তেই মাদক ঘেরা নেশা ।
হাসতে হাসতে ফেরা কান্নায়
নেশাতুর রক্তে
ধমনী শিরায় ছুঁতে চায় কপাটিকা
রাতভর জিজ্ঞাসা পিছু নেয় ।
আমিটা তুমিতে গিয়ে মেশে
উঁকি দেয় গোলাপী ঠোঁটের সেই চা, উষ্ণ চুমুক
এভাবেই ।

পিছু চাওয়া

মাটির প্রদীপ
শিখাগুলো ইতিউতি নিভু নিভু
বিসর্জনের বাজনাও শোনা যায় না
কাশের শিরা কটা খাড়া দাঁড়িয়ে
কখন যেন মনটা বলে ওঠে ও সবই মায়া
ও সবই বাড়ন্ত প্রেমের অনুভূতি শুধু
এক রত্তি তৃষ্ণা ।
পড়ন্ত স্রোতের মাঝে হাবুডুবু খেয়ে
পরিশ্রান্ত চোখ
দিশা খুঁজে ফেরে
সময়ের তালে তালে এগিয়ে চলে
দিক- সীমানা- চৌহদ্দি
তত্ত্বের নির্যাস টুকু ঝেড়ে পিছু টান ।
যে পাখি অকূল দূরে শুধু গান গায়
কেন সে ফিরে আসে না ?

কালিমায়-আলো

আলোয় ভাসিয়ে বেনু
কালো মা আমার
প্রদীপে সলতে দিনু
আলোকে তোমার।
কাটুক আঁধার ঘিরে
দিক ও দিগন্তে
দেখো মা এ তিমিরে
আজ এ হেমন্তে।
যেখানে যতোই খুঁজি
তোমার পরশ
পাথার কালোয় বুজি
দিয়েছো হরষ।
প্রনমি তোমায় মাগো
রক্ত মুন্ড-মালী
খড়্গাতে করো ওগো
অন্ধকূপ-বলি।
সাজিয়ে তোমার মালা
রক্ত জবায়
হৃদয়ে রাখিনু ডালা
তোমার সেবায়।

পূজো আসুক

পূজো আসুক
দমকা হাওয়ায় নেমে
সার সার ঝাড়বাতি কোরাসে
শুকনো শিউলি তলায় খুকুদের উঠানে
যে খুকু ছোট্ট খুকু কবে থেকে বাপ নেই
মা টার ও চাকরি গেছে
বাড়ি বাড়ি এঁটোকাঁটাদের ভিড়ে হারিয়েছে মুখ।

পূজো আসুক
মহালয়া সংগীতে নেমে
ঢাক ঢোল কাঁসরের কলরবে
বিলু - মধু - সোনাইয়ের ঠেকে
যাদের চোলাই নিয়ে কাটে রাত দিন
রাজনীতি পালনের অযাচিত ঋণ
শোধরাতে দেয় না যে কেউ এ সমাজ অসুখ।

পূজো আসুক
ঝরনা ধারায় নেমে
টুলু আর লালু দের রুগ্ন দু হাতে
যে হাতে কাগজের ঠোঙা কাঁধে ঝুলি রাখা
পূজার খেলনা বেচা শ্রাবনের চোখ
ডিগ্রি ধূলোয় মিশে করেছে পরখ
জীবিকা দামি এ জীবনের থেকে বিধাতা বৈমুখ।

পূজো আসুক
আলোর সাজানো ফ্রেমে
যে জওয়ান হারিয়েছে প্রান
তার প্রেয়সীর সেই বোজা চোখে
যার জরায়ুতে রেখে গেছে জীবনের ছাপ
কর্তব্যে অটল দেহ তাকে করেনিকো মাফ
সে নারীর জঠর জুড়ে অঙ্কুর আলোয় ভরুক।

বেবাক স্বপন

ভয় এলো সাগর তীরে হিমশৈলের কাছে
জয় তারে করলো বরন মৃত্যু রেখে পাছে ।
ভাবনা দিয়ে গড়া কেবল তাসের ঘরের ইঁট
স্বপ্ন গুলো খাচ্ছে হাওয়া রক্ত বীজের কীট ।
কেমন করে ঘূর্নিপাকে আশা হতাশার হাট
বলবে না কেউ বোবা মুখে বন্ধ সে কপাট ।
রাজ করে এ আঁধার ঘরে শুন্যের বুলবুলি
অন্ধ চোখেই ইচ্ছা জাগে মায়া কুসুম তুলি ।
ভোর হয়না ছায়াপথের উত্তরে ও দক্ষিণে
দিক ভ্রান্ত পথিকেরা পথের কাছেই ঋণে ।

বিজয়া

ফিরতি শকট
করুন সুরের মাঝে একখন্ড দুর্গাপ্রতিমা
সিঁদুরে কপাল জুড়ে ত্রিনয়ন ।
খুশির ফোয়ারা
ছুটি চায়
অমানিশা বোধন কাটিয়ে দেখে প্রান
এই তো এসেছি ।
রাত ভর তিতিক্ষা
স্বপ্নের অপচয়ে ব্রাত্যজীবন একঘরে
রঙীন ফ্রেম ফি-বছর এরকমই ।

কত কথা কত প্রেম কত.................
আড়মোড়া ভেঙে চা
কানের লতিতে ঠেসে ঠেসে নিবেদন বিরক্তির ।
-- ছুটি
বিগ্রহ মন্ডপ কাশেদের
আতান্তর কাটিয়ে শোনা যায় ডাক
অনির্বান চোখ
পাওনার অবহেলা নিয়ে ঠায় দাঁড়িয়ে
শুধু সময়ই ফিরে আসে না ।

নিরঞ্জন

সেঁউতি বিছিয়ে ঘেরা পাটাতন
জল থৈ থৈ
ওপারে সন্ধ্যা গেছে নেমে
এপার ওপার জুড়ে একটানা নৈঃশব্দ
খেলা করে আজ।

সে ছিল কালও
পরশু তরশু বা নরশুও আলো মালা নৈবেদ্য
পসরা সাজানো ফুল সমাহার
কাকভোরে চুরি সব খুশি নিমেষে লোপাট।

সবাই তো জানতো একদিন শেষ হবে
ক দিনের খেলাঘর
ভেঙে যাবে যুদ্ধ শেষের ঘোষনায়
মন্থন রাঙানো সুখের
জোছনায় ইতি টানে এখনের মঙ্গল ঘট।

বিশ্বাস পারানী ফেরার
প্রতিশ্রুতি সব খানে আঁধার মোছেনি
ন্যাংটো শিশুর হা-পিত্যেশ
নদীতীরে ভাঙা সাজ গয়না চুড়ির অলংকার
ঢেউ আর ঢেউ চিরে আকাঙ্খা কুড়ানো কাজ।

ওখানেও লড়াইয়ের নেশা
শুভেচ্ছা অভিনন্দন যায়রে জলের তোড়ে ভেসে
চোখের জলের ভিড়ে একাকার
রাঙতা পাতায় মোড়া সিঁদুরের পট
কুড়োবার অধিকারে পথশিশু করে যায় রাজ।

পাগল পথ

শুধু তো কয়টি কথা নেই কোনও চাওয়া
নেই ক্ষোভ-অভিমান
সময়ের অভিক্ষেপ -দু মুঠো সময় নিয়ে বাঁচা
ঠায় দাঁড়ানো রাতের ঝিঁঝি বুঝি ব্যাঙ্গ করে আজ
ওরে পাগলা -মনটারে তুই বাঁধ ।

কে বলে রাতের আকাশ কথা বলে না
কে বলে ছায়াপথ শুকতারা সপ্তর্ষি বোবা সব
কে বলে ....!!
সকল সময় টুকু বেচে মাপে চোখ
অস্তিত্বের দায় নিয়ে একা
ভীষন কঠিন পথ -কেন শেষ হয় না ?

ওরে পাগলা হাঁটিস কেন !
কর্ণপটহ জুড়ে শিশিরের পদধ্বনি
নীরব ঝরে পড়ে রাত আবার সকাল হবে
..........................তারা রাও হাতছানি দেয় ।

এখন দুপুর বা সকাল হয়তো বিকাল নাকি ভোর
মনে নেই তাও
চোখ ভারী হয় দুপায়ে শুধুই পথ-ধূলো বালি
অস্ফুট কথাদের হয়ে গেছে ছুটি
ওরে পাগলা আয় বোস
ডাকে ঘাস ডাকে মাটি পাথরের তল ।

রূপান্তর

কেন এমন টা হয় না !
রোদ্দুর গায়ে মেখে সারাটা সকাল
সোনালি হাওয়ার মাঝে পাগল বিকাল
শুধু মুখোমুখি বসি ।
রাতভর জ্যোৎস্নার স্নিগ্ধ পরশ
বসন্ত পেরিয়ে গিয়ে নির্নিমেষ চোখ
পিছু ফিরে দেখি ।

কেন সময়টা হয় না !
দূরভাষে আধখানা স্বরটুকু ফেলে
নিঃশ্বাস-প্রশ্বাস সব শাখা মেলে
তট ছেড়ে নৌকায় ভাসি ।
দুহাতে অধরা ছোঁওয়ার
সুর-তাল-লয় সব আঁকি ।

কেন তেমন টা হয় না !
ফেলে সব কাজ ভবিষ্যত
ফিরে ভীরু অতীতের পথ
একবার সাহসেতে ভর করে আসি ।
এবার ও ব্যর্থ না হয়ে
হৃদয়ের সে রক্ত দিয়ে
আজ বলি সেই কথা শুধু ভালবাসি ।

ঝড়ের কুটো

সামনে গলি তারপাশে কূঁয়া তারই ধারে
এক চিলতে রোদ-দাঁত বার করা ছেলেটা
দুধে দাঁত , সে দাঁতে বিষ ফোটেনি তখনও
বৃষ্টির অপেক্ষায়
ভিজবে বলে দুহাতে বৃষ্টি ছোঁবে বলে ।

এ গলিতে সবাই আসে না
সকালে পেপার কাকু বিকালে দুধ কাকু ব্যাস
সারাদিনে লোক আসে , তারা তো বাবু
কেউ তার সাথে কথা বলে না ।

বিকালের মেঘ মায়ের কোলে আয় বৃষ্টি ঝেঁপে
আধখানা শোনার পরই রাস্তায়
ঐ বাবুটা কি যেন বললে মাকে , তারপরই
অপেক্ষা মেঘ চিরে বৃষ্টি নামার ।

কচি হাতে হাত তালি নিয়ে ঝড় আসে
চোখে বালি পড়ে কচলানো চোখ জলে ভাসে
কূঁয়ার ধারেতে ছেলেটা
....................একা ।

ঝড়ের কুটো কপালে গালেতে চুমু দেয়
একেবারে আছড়িয়ে পড়ে
দুধে দাঁতে খিলখিল হাসি ছেলেটা
ধ্বস্ত চুলের মাঝে হাত রাখে ।

এই তো বৃষ্টি এলো ঝেঁপে , হঠাৎ
কচি ঠোঁটে হাঁক পাড়ে গলি থেকে
............মা............................
দ্যাখো , মেঘেরা কাঁদছে কেমন !

যাবার তুমি -ফেরার আমি

প্ল্যাটফর্মের উঁচু সিঁড়িটা শেষ
উঠতেই মুখটা
চশমা-ফ্রেম উপচে যাওয়া আকাঙ্খা ছাপিয়ে
হাতটা উপরে তোলা
এই যে আমি , এখানে আমি.............।

হ্যাঁ , তুমি
প্রথম দেখার তুমি
আড়াই দশক ধরে বুঝতে চাওয়া পথের তুমি
উদভ্রান্ত পিপাসার মাঝে খুঁজতে চাওয়া তুমি
বলার যে শেষ নাই তুমি ।

তারপর-
চলন্ত ট্রেনের কোলাহল ছাপিয়ে কাশফুল
দোলানো হাসিটা আজও সে রকম ই
দু কানের পাশে পাকানো চুলের লতি
ক-দন্ড দেখার ভার দিলে ।
শকটের ভরা যাত্রাপথ-
সে চুলের ছোঁওয়া চোখে মুখে গালে
অশান্ত হৃদয় নিয়ে প্রথম দেখছি আজ
...................................সেই তুমি !

যেদিন প্রথম দেখি
তা দেখার অধিকার দাওনি আমায়
আজ রাঙানো ঠোঁটের হাসি কেড়ে নেওয়া হাত
আষ্টে-পৃষ্ঠে জড়ানো শ্বাস ছড়িয়েছে ভরসাটা
আমি তো আছি-
আছি , থাকবো দেখো ।

কেন জানিনা
কথাগুলো শেষ না হয়েই ট্রেনটা নামিয়ে দিলো
চেটে-পুটে খাওয়া সব কটা ভাষা স্বর অনুযোগ
সকলই বুকেতে গেল হারিয়ে ।

তারপর-
ভরা বর্ষার গাঙ ঢেউ বুঝি তুলে দিলো নিঃশ্বাস
এপার ওপার সব একাকার তুমি
ইচ্ছেগুলো নৌকোর পাটাতনে বসে
পাড়ি দিলো ঐ পারে ।
তোমার চোখ নাক ঠোঁট চিবুক বেয়ে
গড়িয়ে গেল বেলাটা ।

হাতটা শক্ত হলো হঠাৎ-
এবার ফিরতে হবে , তুমি বললে-"চলো"
পিছনে হাঁটার পথ
নির্নিমেষ একখানা হাতছানি দিয়ে "চলো"র সূচনা
ফিরলাম......।
দেখলাম সেই নদী
চোখের জলেতে ভিজে বিবর্ন
বুঝলাম এটা আমি এপথই আমার
তুমিটা ওপার জুড়ে "চলো" বলে গেছে ।

অবাক ট্রেনের ফেরা কামরা
কথাগুলো নদীর ঢেউয়েতে মিশে
আধা ছোঁওয়া আধা ধোঁওয়া -অবোধ্য ।
এবার ফিরতি ট্রেন
ঘনিষ্ঠ শ্বাসটা শুধু ঘুরপাক খায়
ফিসফিস শব্দটা কানের ভিতরে জাগে
মনে পড়ে-
রুগ্ন ঘরের মাঝে কর্তব্যের তুমি
বুকেতে জমানো ব্যাথা কত দিন মাস বছরের

নিভৃতের সংগোপনে অভিমান
ধরা গলা পিছু ডাক-ফিরে এসো তুমি।

তারপর স্বর আসে বুজে
আমিতো আছি-
আছি, থাকবো দেখো তুমি
ট্রেন ছাড়ে-করুন সুরের বাঁশি
অস্পষ্ট পথ জুড়ে শুধু আমি আর আমি।

শুন্য মাঝে

একটা দারুন রোদ গুমোট গরম
বৃষ্টি মেলেনি কাদা হয়নি নরম
দু পায়ে মাড়িয়ে তাকে যাওয়া
অনাবিল বর্ষার খোঁজে।
অলিন্দে-অলিন্দে জমা শ্বাস
আশার পোষাকে হতাশ
সবাই ঘুমোচ্ছে বলা ভুল
বিরোধের চক্ষুটি বুজে।

কারও গানে অথবা কান্নায়
আসে সুর ভেসে আসে লয়
ধূলোয় বালিতে কথা বলে
শুধু সময়টি নাই শুনবার।
আজ বা কালকে হবে ভোর
বোবা মুখ হারিয়েছে জোর
শেষ বা শুরুর ঘর কাটা
শুন্য পড়ে ভব পারাবার।

সস্তা প্রানের গল্প

সুজন বলে সেই ছেলেটি থাকতো আশপাশ
তৈল সিক্ত কেশ গন্ধের নিতো সে সুবাস ।
আড়চোখে তার নিজের মতো কড়া অনুশাসন
ছোট্ট পাখি মানতো না সে ঘেরাটোপের বাঁধন ।
আর এক ছেলে ঘরের কোনে চুপটি করে বসে
চুপ কথা তার কইতো একাই নিজ সাথে শেষে।

সেই গল্পের ইতি হলো হারালো সব জন
সুজন-পাখি সবাই গেল জানিনা কোন বন ।

চুপ ছেলেটি হারিয়ে গেল কোথায় তেপান্তরে
মরু সাগর সব ডিঙিয়ে কোন পাহাড়ের পারে ।
অথৈ জলের কূল ছাপিয়ে গেল সে কোন দেশ
ভাবলো বুঝি ফিরবে পাখি বোবা বুকেই শেষ ।

পাখির পাখা উড়ান নিয়েই ব্যস্ত ছিল শুধু
ওড়ার মাঝে বাঁধল বাসা মরুভূমির মধু ।

এমনি করেই কাটছিল দিন সুজন পেল সখা
চুপ ছেলেরও ইচ্ছা নিলো ভাগ্যের সেই রেখা ।

মাঝ আকাশে সূয্যি যখন ঢলার ঠিকানায়
বোবা ছেলে পেল হদিশ পাখির পাখনায় ।
দেখলো চেয়ে পাখনা দুটি কে দিয়েছে ছেঁটে
নিজেই তো আর যায়না সেথা নিজ পায়ে হেঁটে।

পাখি বলে কোথায় ছিলে এখন আছো কেমন
বোবা মুখের প্রথম ভাষা শুনলো বুঝি মন ।
বললো ছেলে এইতো দেখো কথা বলছি আমি
তোমার-আমার সস্তা প্রানে শিকল ই আজ দামি।

২৬

চার্জশীট

শকুন লজ্জা পায় আজ
সকলেই পথ হারিয়েছে ,
ছেঁড়া অন্তর্বাস
রক্তের নীচে দানা বাঁধে ভিড়
নেতা ও নেত্রীর ।

সাজানো গুছানো করে নেই সে ছোঁড়াটা
যার লিঙ্গে লেগে থাকে
রাজনীতি -তীর ,
আগে ঠিক হোক সেখানা আমার না তোমার
তারপর গড়ে ওঠে চার্জশীট ।

টেবিলে কলম থাকে একা
নির্জনে ধর্ষিতা ।

পৃথিবীর তরে

পৃথিবী তুমি ভালো থেকো
তোমার সকাল আনার আশায় রাত জেগেছি
তোমার কক্ষপথ ভিন্ন জেনেও
দুহাতে আল্পনা আঁকা তালি দিয়ে বলেছি
একটু বিশ্রাম নিও ।
অবসাদের ঘোর কেটে গেলে
ভেবে দেখো
প্রচুর প্রানের দায় কাঁধে প্রত্যহ তোমার পাড়ি
শীত-গ্রীষ্ম-বর্ষা সবটা গায়ে মেখে
তবে না তোমার যাওয়া !
নিজেকে নিজের মতো যত্ন কোরো তুমি
কতটা যন্ত্রনা বলো-এ দেহের এ ভারের
শিশিরে জমানো ঘা টা প্রভাত রাগিনী শুনে
 রাতটা ও শেষ হবে ।
চোখেতে জমাট শ্রাবণ মুছে ফেলো
সাজানো দাঁতের হাসি কাশফুলে ছেয়ে
দেখো ভোর হয়ে এলো
 বসন্তের ফাগ হয়ে ফের সমস্ত চোখের তারায়
জেগে ওঠো ।
পৃথিবী তুমি ভালো থেকো
তোমার সকাল হওয়ার অপেক্ষায়
...............................রাত জেগেছি ।

উপহার

আমি যে আমিই শুধু ভুলে গেছি তাই
চার পাশ দাবি ঘেরা চাই -চাই- চাই ।
দিন রাত এক করে বিবেকের হাত
সব খানে হেরে দেখি কিস্তিতে মাত ।
অবাক দুচোখ খোঁজে পরশের ছায়া
নিবেদনে হেরাফেরি সুকঠিন মায়া ।
সবার মতোই হয়ে বাঁচতে এ প্রান
খুইয়ে নিজের সাধ মান সম্মান ।
তবু ভাবি হয়তো বা কেটে গিয়ে কালি
অমানিশা হেসে দেবে চাঁদ এক ফালি ।
উলঙ্গ পায়ের নীচে ধূলো কাদা মেখে
দেখি পথ দিয়ে গেছে অভিশাপ রেখে ।
এ সবের মাঝে কতো আশা ফুল ফোটে
তোমাকে দিলাম তাই কর অঞ্জলিপুটে ।

তল্লাশ

ওখানেও
দাঁড়িয়ে থাকে আলো-ছায়া-পথিক
কারশেডে আওয়াজ খেলে
একবার প্রসব বেদনা
একবার শিশুর কান্না নিয়ে রাত্রি নামে।
নিবেদিত যৌনতা
পতিতাপল্লীর রসুই খানা উঁকিমারে পিপাসা
সব জোনাকির বাতি
নিভে যায়
অন্ধ এলাকা জুড়ে মূর্চ্ছনা মূজরো গানের
শবের দহন শেষে উল্লাস
শান্ত হলে উদরপূর্ত্তির নেশা হানা দেয়।
নাকের কোটরে ধোঁওয়া
তামাকপাতার পুড়ে যাওয়া তারপর
বারব্রতে যবনিকা নামে
ভঙ্গুর রক্তকনিকা মাঝে জন্ম হয় কারো
কেউ বা মোক্ষ পায়
সন্ধান মেলে না তবু হারানো সময়টার
যেটায় প্রথমবার হৃদয়ের স্পন্দন
কড়ি ফেলে বুঝি যায় গোনা।

অর্থহীন

জীবনের মানে নয় সোজা
নিজেকে নিজের মাঝে খোঁজা ,
একেবারে নয় তা সরল
অমৃতের সন্ধানে নিপাট গরল ।

এমনই ভুলের মালা গেঁথে
জীবন থেকেছে ওৎ পেতে ,
সব দেনা হবে না তা শোধ
তবুও মনের পরিবোধ ।

শুরুটা খুজতে গিয়ে নয়
শুধুই স্বপ্ন প্রান ময় ,
আমাকে তোমায় দিয়ে চেনা
জীবনে প্রথম সেই দেনা ।

পাতা ও কাঁটায় ভরা ডালি
কেবলই শুন্যে হাততালি ,
পরশের সাধ করে ফাঁকা
জীবন নামটি শুধু থাকা ।

কেউ তো থাকে না চির কাল
পাশে চেয়ে দেখি কাটে তাল ,
পথের বাঁকের হেঁটে যাওয়া
জীবন মানে কি শুধু হাওয়া ?

অপেক্ষার সাঁঝ -বাতি তারা
স্তব্ধ সময় গতি হারা ,
কখন থামতে বলে মন
সময়ই খুঁজবে জীবন ।

বর্ষা-বিলাপ

ঠিক এমন টা কথা ছিল না
না হয় ব্রাত্য ছিলাম
সেদিন , আর আজও
এমনই ঝিরঝিরে বর্ষা-যেদিন প্রথম যাই
-অজ্ঞাত ।
কাদায় পিছলে পড়া পা
না হয় একটু মেখেছিলাম
সেদিন , আর আজও
এ শ্রাবনে উথলে পড়া দুকূলের বান
-সচকিত ।
শুধুই ঝিঁঝির ডাক
না হয় একাই শুনেছিলাম
সেদিন , আর আজও
খেয়াঘাটে নৌকার ছই বড়ো ফাঁকা ফাঁকা
-বিকশিত ।
ঘন মেঘ বর্ষার ধারা
না হয় দুচোখেতে নিলাম
সেদিন , আর আজও
ভুলে ভরা কদমের ফুল মালা সব একাকার
-ভূপতিত ।

মাঝ রাতে বর্ষার সুর
না হয় একটু বলেছিলাম
সেদিন , আর আজও
মন্তব্যের পিছুটানে ফের তুমি আর আমি
-দ্বিখন্ডিত ।

বান্ধব

কী আনন্দ !
নতুন পথের শুরু
জীবনের ধাপ হাসি-খেলা
সাধের এ পৃথিবী টা রঙে একাকার
- মিলেছে ইয়ার ।
তুমুল বৃষ্টি,
ঝঞ্ঝার কালো রাত
জনহীন অভিশাপ-বুকে নিয়ে দেখা
অন্ধকার বুক চিরে বাড়িয়েছে হাত
- পরানের সখা ।
জীবন চলেছে,
আঁকাবাঁকা সর্পিল পথ
চড়াই-উৎরাই, মরুভূমি নিষ্প্রান ধূ ধূ
শীতল বাতাস,তৃষ্ণার জল আনে
- সে যে বন্ধু ।
পথের অবসান ,
নেই কোন কথা-পিছুটান নেই তো কোথাও
দাউ-দাউ জ্বলেছে যে চিতা
চোখে জল এক কোণে ভরা বুক অভিমানে একা
- আজ দাঁড়িয়ে সে মিতা ।

বায়স বার্তা

চিৎকার, চিলেকোঠায়-প্রাচীরে-কার্নিশে
কাক টা ব্যস্ত
সকাল থেকেই ওর ছানা চুরি
বিপর্যস্ত কালো সমাজে
একটানা মাখনের ছুরির মতো - কাকালাপ।
কার দোষে !
ভোর রাতে হুলো টার ভোজ
নিয়ন বাতিটা আড়ি পাতে।
মা কাক - বাবা কাক
একাকার কাকে দের ঝাঁক
সাত টি সুর ছাড়াও আরও কিছু
আবিষ্কারের নেশায়।

ফোনের তারে , জলের ট্যাঙ্কে
মোড়লের সকণ্ঠ বিজ্ঞাপন
হারানো নবজাতক তার ,এখনই চাই।
ওদের মাঝেই
ইঁট কাঠ পাথরের ঢিল
কাঁদতে মানা-নিজেদের অমোঘ ভাষায়।

হার মানে না ,
হাজার বিপত্তি ঠেলে
নেমে আসা চোখে জল কাল রাত্তির
ঝরে পড়ে। দমকা হাওয়া
হৃদয় গভীরে দাগ কাটে -
কাক টা মানুষ হোতো যদি !

কোলাজের বৃত্তে বন্দি

ছবি আঁকি
পিসার দেওয়াল-চীনের প্রাচীর
মিশরের মমিটার ধাঁচ
ধু-ধু বালু মরুভূমি ।

রং দিয়ে ধুই
ঘাসের সবুজ শাখা
পাখির রাঙানো ঠোঁট
প্রেয়সীর টোল ভরা গাল ।

কোলাজের রূপরেখা ঢাকি
বিবর্ন গাছের পাতা
নৌকায় পাল তুলি , উলঙ্গ পর্নোয়
কালি টারে সাদা করি
জল রংয়ে ঘষে ।

ছবি আঁকি
বৃত্তের
যে গন্ডীর বাইরে
বের হতে চাই-
কিন্তু , পারিনা ।

দাবিদার

অবনী বাড়ি ফেরেনি ,
তমাল ও না
আমি ও ফিরতে পারিনি ।
খবরের আদ্যপ্রান্ত,
কানচাপা খরগোস হয়ে
ভয়কে আড়াল করে চলি ।
রাজনীতি সকলেরই আছে,
আছে দাদা-আছে দিদি
নেতৃত্বের বিজ্ঞাপন,তবু
মনে হয়
আমরা কি মানুষ !

পানে চুন ঘষি বৃত্তান্তের,
তোমরা-
তালিমারা রুমালের মতো
আমায় একটু মনে রেখো ।
রাজনীতি-উন্নয়ন এসবের মাঝে
ছেলেটা যে হারালো আমার
পিঠেতে গুলি লেগেছিল ,
সেও বাড়ি ফেরেনি
আর আজ আমি ।
তফাৎ !
বিশেষ কিছুই না, দুজনেই মৃত
তবু,আমায় ভোট দিতে হয়
পেটেতে খিদে আছে বলে ।

আপনার

বহুদিনের চেষ্টায় একটা জিনিস পেয়েছি
যার খোঁজ কেউ জানে না ,
যার নাম কান্না নয়-হাসি তো নয়ই
আসলে ওটা ওরকমই ।
ভীষন রপ্ত আজ ওকে নিয়ে
ওর দিকে তাকিয়েই পূর্ব-পশ্চিম
উত্তর-দক্ষিন সব,বাধ্য হয়েছি সব ভুলতে ।

এ জিনিস কথা বলে না
কোনও কালে বায়নাও নাই কিছু
হঠাৎ করে মিউটেশন ঘটেনি , তবু
তাকে পাওয়া গেল ।

চারিদিক দেনা-পাওনা , অভিযোগ ধাপ্পার
বেলাগাম প্রান্তরে একটু আরাম
বোঝানোর দায় !
কোনও কালে ছিল না আমার ।

মজলিশে রং
দোপাট্টা ফুলের কুঁড়ি অবুঝের ঠাঁই ছেড়ে
আজকের প্রেরনা তো সেই -
আর হেঁয়ালি নয় ।
যাকে নিয়ে এই, সুমুদ্দুর-তেপান্তর সব সব কিছু
নাম তার ?
এ-কা-কী-ত্ব , প্রেয়সী আমার ।

দেখো একদিন

দেখো
একদিন ঝগড়াটা থেমে যাবে
থাকবে না ওরা ,
তুমি আর আমিও
এই রাস্তায় ।
হয়তো বা দুপুরের গাছতলে
হবে না বোধহয় ভিড়
চাতকের,
মিছিলেরা শীতঘুমে যাবে ।
বৃষ্টিকে হাতছানি দিতে
একদিন নড়বেনা এই হাত,
ভেজার আকুতি গুলো
উবে যাবে দমকা হাওয়ায়
ডুব দিবে নিথরের মুখ ।
উষ্ণ শ্বাসের বুক
হয়তো খুঁজবে কেউ
নিঃঝুম শিশির কনা আলগোছে,
চুমু দিবে ঘাসের রেখায়
বুঝবেনা কেউ
বোধহয় খুঁজবে কেউ ।
দেখো
একদিন কেটে যাবে পল শুধু
তুমি - আমি ছাড়া ।

আঁকিবুকি

যেদিন প্রথম দেখি
দিন,তারিখ-কিছুই লেখা হয়নি ।
লেখা হয়নি-
সদ্য গজানো গোঁফ ছাড়াও
আয়নায় আরও দেখা যায়
অবয়ব ।
নতুন বর্ষা নতুন পাতার পাঠ
নিভৃতের জিজ্ঞাসা
স্বপ্নের ঘোর লাগা চোখে লেগে থাকে
হাসি-আবেগ, এক চিলতে রামধনু ।
গোপন সে অভিসার নিজের মনেই
পুকুরপাড়-রাস্তা তেমাথা
সবটা পেরিয়ে শেষে
তুলির আঁচড়,মুখ বুজে
রং মেখে চায় ।

সেদিনও পেরিয়ে যাবে ভাবিনি
কেই ই বা জানতো
জল রং ফিকে হবে,
দিঘি টার জল পাশে রেখে
একদিন পাড়ি হবে শেষ !
তারপর-
স্থবিরের ক্যানভাসে ছাইরঙা মেঘ
শুকনো কালির ঘেমে ওঠা ।
প্রতিচ্ছবি পিছুপানে ধায়
আজও কি বসন্ত আসে মনে ?
জবাব মেলেনা আর
ন্যাড়া বটগাছ,নিমেষের পদধ্বনী
আপনমনেই
কালি নিয়ে আঁকিবুকি খেলে ।

একটা গল্প-অনেকটা বাস্তব

একটা গল্প বলি শোনো
সত্য বা মিথ্যা প্রশ্ন কোরোনা কেউ,
বলো শুনবে কিনা
হ্যাঁ হুঁ দেবে কিনা
চুপ করে থাকবে কিনা!

এ গল্পে রাজা নাই প্রজা নাই
চুপ--চুপ
আমি তো আছি
কি, আছি কিনা ?
বলো ঠিক কিনা!

এ গল্পে জল থাকে, সে
ঘোলা জলে মাছও থাকে
সেজলেও.....ফের কথা?
শয়তানি, মিথ্যে বাহানা
বলো ঠিক কিনা !

এক ছিল ইচ্ছে , উল্টে দেবার
উল্টালো তাও
মানুষ , ভূগোল -রাজপথ
তোমাদের স্বপ্নও
হ্যাঁ হুঁ ছাড়া কিছু আছে কিনা ?

এবার সেখানে এলো এরা
হা-হা হি-হি সব্বাই
জব্দ কেমন?বোবা -সব লাশ
হারানো ঠিকানা
বলো ঠিক কিনা !

গল্পের শেষে থাকে আমি
সাদা আমি, লাল আমি নীল-সবই তো আমার।
গল্পের ঘোরে ওরা লাশ
জীবন্ত বাস্তব আমি একা
বলার রাখিনি ঠিকানা।

বলো ঠিক কিনা?

হে থাক তুকে মানাইছে নাই রে

পলাশ আছে পিছে পড়ে
শাল পিয়াল ও তাই
এখন আমি ওদের থেকে
দূরের ঠিকানায় ।

লাল ধূলো আর
দেয় না যে ডাক,কেন্দুপাতায় ভাটা
নিজেই নিজের অভিমানে
ওদের দিয়েছি টাটা ।

ভরা রোদ্দুর উৎকট তাপ
কেবল মনের কোণে
সাঁঝ বাতি তারা দুচোখেতে আজ
শীতল প্রহর গোনে ।

বোঝানোর বোঝা নিজের মাথায়
বিবেকের দেনা শোধ
রাঢ় মাটি কণা স্বপ্নেই চুমি
আজকের নির্বোধ !

ফিরবো অবার এ আশা নিয়েই
আকাশ কুসুম গুনি
স্মৃতি ভিড় করে কচি বনতলে
স্বপ্নের ফাল্গুনী ।

নাগরদোলা

ভিড় ঠেলে দাঁড়াতেই ওটা
চলনত চরকী সওয়ারী মানুষ,
খাঁচায় খাঁচায় জমানো প্রেম ।
উঠতি বয়স_পড়তি চাউনি
চোখে চোখে নির্বাক আমোদ
উঠছে আর নামছে ।

পাশ থেকে হাঁক ডাক,
সালোয়ার-টপ-জিনস-কূর্তা
এ-কা-কা-র ।
কর্কশ সুরের ভিড়ে হতছছাড়া
....নিস্পলক !
গতবারেও সাথে ছিল, এবারে.....।

আবর্তন !
দৃষ্টির, দৃষ্টিপথের -
সময় হিসেব নেয় ঠিক
ওপরে -নীচে, আশেপাশে। তারপর...
মনথর গতি......চাকা থামে
ওরা নামে খাঁচা থেকে ।

অবাক ছেলেটা-তবুও দাঁড়িয়ে
গতবারেও কেউ ছিল,এবারে.....?
খালি খাঁচাটা -
ফের ঘোরা শুরু করে ।

প্রতিচ্ছবি

প্রতিবিম্ব দেখি।
ঘোলাটে আয়নায় নিজের ছবি
চোখ- মুখ – নাক
            ভীষণ অস্পষ্ট।
আমাকে ঘিরেই বাতাস
      সুগন্ধ – দুর্গন্ধ খেলা করে।

হাত দিই_
অনুভব করি, হয়তো বা চোখে দেখি
            আমিত্বের স্বাদ।
কর্কশ তেতোয় ভরে গেলে
জিভটার ছবি দেখি
লালা ঝরে টুপটুপ নিজেরই ছবিতে
            তবু_
      প্রতিবিম্ব দেখি।
হাতড়িয়ে সমতল আয়নায়
            চোখে চোখ রাখি
নিজেকেই চিনতে পারিনা।
ফের প্রতিবিম্ব দেখি
            নিজের বুকের ছবি
      রোমশ
পুরুষালি স্তনবৃন্তে বুকের বাঁদিকে
            হাত দিই,
এখন অবাক
ধুকধুক শব্দটা নেই!
      হৃদয়টা হারিয়েছে
জ্বলজ্বলে চোখের তারায়।
      শুধু প্রতিবিম্ব দেখি।

অরণ্য

দাঁড়িয়ে ছিল ছেলেটা
শক্ত চিবুকে ঠিকরে বেরুনো হাড়
চোখের তলায় প্রদীপের কালি
উজ্জ্বল ঠাওরের নীচে।
উলঙ্গ আধখানা দেহ
কোমরের নীচে ছেঁড়া লুঙ্গিটা ভাঁজ করা।
কতই বা বয়স!
উনিশ কী কুড়ির কোঠায়।
টুকরো খোলামকুচি দিয়ে
যেন পেটটার পেশীটা সাজানো।
বেশ বোঝা যায়
ডাল- ভাত – রুটি কতদিন জোটেনি সে পেটে।
লালচে পাথুরে মাটি
একটা শালের রলা হাতে সে একা।
গত মাসে একটা শব্দ
নিঃঝুম রাতের শিরদাঁড়া বেয়ে হুটপাট
বাবাটা কোথায় গেল! মা- টাও পিছু পিছু
বোনটা তো রক্তের দলা।
একদিন পুলিশ এল
পরদিন আরও
মাথায় ফেট্টি পরা আরও
কারা যেন অদ্ভুত শিস দিত।
উঠোনের খাটিয়াটা ভাঙা হল একদিন।
তারপর___
এবেলা এরা আসে--- সূয্যি ডুবলে পরে ওরা।
সবাই ছুঁতে চায় তাকে
নামটাও পাল্টে গিয়েছে কবে কে জানে।
শুধু চোখ বুজে মনে পড়ে
বাপ নাম একখান দিয়েছিল বটে___
অরণ্য।

হাওয়া বদল

একদিন____
বাতাসের গন্ধ শুঁকে
রাস্তায় নামি।
চারদিকে পলাশের ঢল
পাখিদের কলরব____
বোধহয় বসন্ত।
পরদিনও হাঁটি,
মহুয়া মাতাল হতে ডাকে—
ধরা দিই আনমনে।
ফকিরের ঝুলিটা হারিয়ে
মনে হয়, পৃথিবীর
রাজা সাজি।

চোখে নেশা আঁকা
এমনই একদিন____
দশদিকই রাস্তা দেখি।
হৃদয়ে দমকা ঢেউ
নেশা ভাঙে, দেখি
চাপচাপ রক্তে রাঙানো বাগান।
কারা যেন পায়ের তলায়
ফুলগুলো পিষে দিয়ে গেছে।

তারপর____
একদিন দেখি,
জায়গাটা ধোঁয়াশায় ঘেরা
ফুল, পাখি- কাকলি উধাও
বসন্ত, বর্ষা লোপাট।
শুধু
আফিমের নেশা নিয়ে কয়েকটাফিগার
নিজেদের ল্যাপটপে, বসে
টাকার নক্সা আঁকে।

শ্বেতা

সুতোর রহস্যজাল বাঁধা,
কারবালা প্রান্তর থেকে ধুলোর গন্ধ শুঁকে
শুখা কলিজাটা। বারকয়েক
রক্তের মৌতাতে তাতিয়ে তবেই শান্তি।
এখনও চাই___
রক্ত- মৃত্যু আর কামিজের তলার নরম শরীরটাকে।
দীনের দৈন্যতা ফুরিয়ে
নাভিকুন্ড থেকে উন্মত্ত আক্রোশ নিয়ে
ঝঙ্কার হাজারো যন্ত্রণার- থেমে নেই বিষাদের বিষ।
হরপ্পা!
তুমি কি কেঁদেছো কোনদিন?
হামুরাবির বদলা নেওয়া নীতি
দাঁতের বদলে দাঁত, চোখের বদলে চোখ
রাজত্বের নাতিদীর্ঘ পথ পিচ্ছিল বিষাক্ত সুরাই।
বর্গীহানার বহুদিন পর—
আজও হানা – উগান্ডায়, ইরাকে আর—
আফগান মায়ের স্তনপট্টিতে; এবং!
থাক্না – আরও উলঙ্গ হলে –
পরমাণুর পজিট্রন বোধহয় লজ্জা পেয়ে যাবে।
হাইতোলা ভোরে হিরোশিমা—
পায়ে ভারী বুত-লস্ অ্যালাম্সের- পদধ্বনি;
ম্যানহাটন থেকে মস্কোয় প্রার্থনা
গর্ভবতী প্রেমিকার তলপেটে—
একটা হিটলার প্রসব কোরো!
কারারুদ্ধ ম্যান্ডেলা—
কানপেতে শোনা যায় গুর- গুর- গুর-গুর......
ব্রাজিলের উপকূল ঘেঁষা সাবমেরিন—
মাৎসুদা নেতাজী সুভাষ।
আজ থাক্।

বেশী শুনে মনভারী হলে গ্যালাক্সী
তোমার ঘুম হবে না।
তবে তো স্বপ্নও নেই।
নীল নীল মৃত্যু আর মেঘ
পনবন্দি নাবিকের মতো বৈঠার
ঘা খাওয়া বিদ্রোহ।
তুমি কি স্বাধীন হয়েছিলে!
সারি সারি মোমবাতি জ্বালিয়ে—
যৌনতার শেষক্ষণে তোমার জরায়ুতে
স্থান দিও একটি জাইগোট—
একটিই শ্বেত কপোতের।

প্রেক্ষাপটে

আধমরা চোখে ঘুম আসে।
নোনতা চোখের জল
চোখের মণি ছাপিয়ে গাছপালা উপকূল ভাসিয়ে
সভ্যতার খেয়াঘাট ঘা মেরে যায়
বিষাক্ত ছোবল।
ভোরের আলো, দু'দণ্ড সুঘ্রাণ নিয়ে জীবনের বাজি
ঘুম ছুটে
ত্রিঙ্কাট - সুমাত্রা- কার নিকোবরে।
বাছা ফিরে আয়—
মায়ের বিবর্ণ রূপ নোনাধরা পানসীর কোলে
একবারও ধরা যায়না ফুসে ওঠা জীবন্ত লহর।
বাসা ভাঙ্গে ভাষাটার আর্তির মতো
ফের রাত্রি নামে---
নীলচে কালোয় সাদা বুদ্বুদ মাঝে খোঁজ চলে
দুমুঠো আশার
তারে ঘরে ফেরাবার।
ধূ- ধূ ময় দিগন্তে পরিহাস হাসি
কোডাপ্পা , গলের তীরে ভিড় করে চোখ
শুধু ঝাপসা চোখে চায়।
মনে হয় পারানীর তীরে সন্ধ্যা নামে
মনে হয় ওরা ছিলো।
আজকেই শুধু ভাঙ্গা কূল- ভাঙা জলছবি।
তবু বলি একখণ্ড ভালোবাসা – উষ্ণ আবেগের
মন খানি ধুয়ে মুছে দিও না—
সুনামি তুমি আর এসো না।
ধ্বস্ত জীবন থেকে দূরে—সূর্য ওঠে
নতুন বছর আসে
বালুতটে দেনা হয় জমা।

ভিড় করা পিপাসা

তখনও সকাল হয়নি
মেঘ করলেও বৃষ্টি না হবার গুমোট নিয়ে
        ভোর হয় হয় আর কি।
ঘুমটা ঠিক পুজোর চাঁদা চাওয়া ছেলেদের মতোই
        নাছোড়।
মাথার দু দিকে তাকিয়ে দেখি
হালকা মশারির ফাঁকে_
দুটো গাছের ডাল বেয়ে
সূর্যটা ওঠার তাল করছে।

মনে হল একটা দিন এল
আর পাঁচটা দিনের মতোই এবং আবার সন্ধ্যে হবে
        তাই মাঝখানটায় কিছুর নেশায়
        ঘুম ভেঙে চাই।

আজ সোমবার___
অফিসের তাড়া খাওয়া প্যানপ্যানানী
হতবাক রিক্সার ঠেলায়
বাজার টা কোনক্রমে বুড়ি ছুঁয়ে
        চান করে ছুটি।

রাস্তাঘাট ঝকঝকে একেবারে সাফ।
        মন্ত্রী না ভি আই পি কে যেন আসবেন তাই।
        গতকালও নোংরা ছিলো
        পলিথিন ছেঁড়া কুটো সবই ছিলো
আজকে সুকান্তের পৃথিবী—
        নবজাতকের—
মনে হয় চেটেপুটে খাওয়া আমলা শোলের এঁটোপাতা ।

ডানদিকের ক্রসিং

পুজোর বাজার- ব্যস্ত মানুষ
ভিড়ের মাঝে এখনও সময় আছে
        অফিসটা ধরা চাই আজ।

ঘুম ভাঙা চোখে
        দুডালের ফাঁকে দেখা সূর্যকে মনে পড়ে
মহাকাশ নয় – এটা অফিস
অতএব বসের রক্ত চক্ষুকে বালিশ দিয়ে
        আড়াল করার চেষ্টা না করে
হাঁটা দিই ।

পুজোর বাজার—
মাইকের ক্যানভাশিং
একটা কিনলে দুটো ছাড়
দুটোর সাথে রুমাল ফ্রি
থিকথিকে ভিড়টাকে বড্ড ঘেন্না লাগে মনে।

হেঁটে ছুটে ঘেমে উঠি --
পাশের ফুটপাত
চেনা ছেলেটার হাতে একটাকা দিই—
এককাপ চা- আঃ ।

রাস্তাঘাট গুঞ্জন –
চাঁদা- পুজা- কাশফুল-ইরাক- ইজরায়েল ...
        সব একাকার
        চারিদিকে মৈত্রীর ঢল।
শত কোটি ভারতীয়ের রক্তমজ্জায় রাজনীতি ঢোকানোর শিক্ষা।

        একটা রক—
অনেক চায়ের ভাঁড় ঠেলে
        একটু জায়গা করি।
এখানেই শৈশব ছেড়ে গোঁফ গজিয়েছে

চোখ বুজে মনে পড়ে—
আধপোড়া বিড়ি- ধোঁয়ার রিঙের মাঝে
একটা প্রতিমা
মণ্ডপ তৈরি হয়ে এলো ।

পথে ঘাটে শোকেশে
সাজানো কাশফুল প্লাস্টিকের
প্রাচীন প্রতিমা
নবীন প্রতিমা
আকছার করা জঞ্জালের মাঝে
দাঁড়িয়ে খোঁজা ন্যাংটো শিশুর মতো
একটু শান্তি খুঁজি।

সেখানে ব্যস্ততা নেই
পুজোর বাজারের তাড়া নেই
কিংবা মণ্ডপের আতিশয্য নেই – সেইখানে
একবার যেতে ম্ন চায়,
ভিড়টাকে এড়াতে পারি না।

ফ্যাসিবাদ কথাটা এখন একঘরে
সব্বাই গণতান্ত্রিক সক্কলেই ভোটদাতা
নাগরিকের মুখে রুমাল চাপা
বন্ধ ঘরের ফিকে গন্ধের মতো ঝিমিয়ে উঠেছে জীবন ।
প্রতিদিনের ধর্ষণগুলোকে একদিনে ছাপলে
কাগজে জায়গা হবে না।
আবার মুখ ফিরিয়ে নিই –
রকের এপাশে আমি একা
যারা ছিলো চলে গেছে ।

ব্যস্ততার স্রোত ব্যে একটা বাচ্ছা ছুটে গেল
পিছু পিছু দঙ্গল
জনতা পুলিশে এতো ভাব আগে দেখিনি

চোর চোর চিৎকার ছয়লাপ
দুদণ্ডের অবকাশে রাস্তাটা ফাঁকা হল
শিউলি গাছের ডাল বেয়ে সূর্যটা উঠবার আগে
আবার সন্ধ্যা নেমে এলো ।

হাজারো ভিড়ের মাঝে
নিজেকে আড়াল করার কৌতূক ছেড়ে
হাঁটা শুরু করি।
এখন একটু ফাঁকা লাগে
নিজেকে আর সামনে যাবার পথটাকে
এক্কেবারে শুনশান,
হঠাৎ বাচ্চাটা!
হাতের তেলোয় মানিব্যাগ।
এখানেতে দঙ্গল নেই
জনতা পুলিশে ধাওয়া নেই,
বলে গেল বাচ্চাটা-
'ভিড়টা' কি মিষ্টি বলুন?

আমি'র মাঝখানে

ভিজে মাটি
সোঁদা গন্ধের নীচে বাতাস
আজও ঝিঁ ঝিঁ ডাকে
আজও রাত হয়
বুকের ভিতর গুচ্ছ ফুলের নেশা নিয়ে
ভয় নামে – ভরসার ভোর হয় না।

কড়ি দিয়ে মাঝির ঠিকানা খুঁজি
বান এসেছিলো
পর্ণকুটির গেছে ভেসে
ভাঙা কড়ি ছেঁড়া শাড়ি পড়ে
আধখানা চাঁদে কেবলই ঠিকরে জ্বলে আলো।

গর্তেই জমে জল
অন্ধকার ঘোলা হয় আলো হয় না
নিষেধের ভাঙা ঢেউ পাড়ে
আমিটার মাঝখানে আর একটা আমি
তোমার ঠিকানা জানি না।

বাঁক

যায়- দিন – যাক
ভ্রূআঁকা কাজল লতা পড়ে থাক
একগোছা চুমু রাঙানো রুমাল
তুমিও স্বপ্নে দেখেছিলে
তারপর বলেছিনু আমি।

তার তরে সমুদ্র মন্থন
সবাই তো চলে যাবে তাই যাক
মেনে নেওয়া ছাড়া গতি নেই
আমার ভুবনে থাক শুধু
তোমার পথের বাঁক।

অনুসন্ধান

দু ফোঁটা বৃষ্টির সাথে একটা ঝড়
অনেক ঝাপটা মেশা ছাট
রোদ্দুর থেকে বহুদূরে অন্ধকার
বিবরের মন
পিছু ফিরে চায়।

কাদার রাস্তা ঘিরে পিচ্ছিল ঢেউ
আনমনে খেলা করে
পাড় ভাঙে নদীর খেয়ালে
নৌকার ভাসা বেগ
বান ডেকে যায়।

আবার দুপুর
আবার নূপুর সুরে গান
ভাটিয়ালি গাঙ পার হয়ে
মাঝি ভাই বৈঠার তালে
মাঝ গাঙে পার খুঁজে দাও।
আগত বর্ষা
এই বুঝি আলো হয়
মাল্লার আশা মাটি খুঁজে
ঘাটে ঘাটে ছুঁয়ে ঢেউ ক্লান্ত
দ্বীপটার সন্ধানে নাও।

মাটির প্রতিমা

মুখ খুঁজি
অব্যক্ত আঁধার থেকে জমে জমে ভিড় করা
হতাশার বুদবুদ মাঝে
ফিরে এসো পিপাসা
দুহাতে চাহিদা নিয়ে পান করি তৃষ্ণার জল
সাগরের বালুতটে হু হু করা লবণের ঢেউ
কপালের রাগে চুমু আঁকে।

এখনই শেষ কথা নয়
একটু বসার শেষে বিরতি
উদ্ভট কল্পনার চোরাস্রোত বেয়ে নেমে আসে
অন্ধকার নিয়তি আর
খসখসে খোলসের ভিড়ে আমার পায়ের ছাপ,
আবার প্রতিচ্ছবি দেখি কিম্বা
দেখার চেষ্টা নিয়ে হাঁটি।

শহরের যানজটে
অশথের পাশে বাঁকা গলিটাতে
নর্দমার গন্ধ নেওয়া বাঁশের মাচায়
হয়তো বা পতিতালয়ের নীচে রাস্তায়
সেখানেই মুঠোভরে মাটি নিই-
আমার প্রতিমা
তোমায় গড়তে চাই আমি।

ভবঘুরে

প্রতিদিন তোমায় মনে পড়ে
মনে পড়ে ঘুম থেকে বাজারে যাবার আগে
রাস্তায় বুড়ো বটগাছটার নীচে
হাজারবার চেষ্টা করেছি একটা চিঠি লিখতে
বেড়ার গণ্ডি ডিঙিয়ে লিখতে পারিনি।
কোথায় একটা ফাঁকের মতোই তোমায় শূন্য মনে হয়
শুধু শূন্য থেকে শুরু হয় না।
মানছি আমি ভালো প্রেমিক নই
আধখানা বাঁকা চাঁদের মতো সুন্দর হলেও
থিকথিকে কলঙ্ক গুলো গায়ে মেখে বলতাম
আমিও জ্যোৎস্না দিতে পারি।
বাধ্য ছেলে হয়ে জানতে চাই তোমার রহস্য
দুটো ভ্রূতে কোমরের বাঁধনে
হাতের আঙুলে কি আছে বলতে পারো ?

মাঝখানটাই বড়ো বাজে
শুধু জন্ম আর মৃত্যু নিয়ে জীবনটা হলে
আঃ !
হরিতকী চিবিয়ে এক চুমুক জলের কুলকুচি গিলে বলতাম
তোফা ভগবান- তুমিও মানুষ হয়ে এসো ।
সব মিলিয়ে গোলে মালে
এ গ্রহে আমার বাজারটা
অনেকটা লাটখাওয়া ঘুড়ির সুতো
এই সখ এই কেনা মাঞ্জা দেওয়া পরক্ষণেই ধুস!

তবে আমারও দাক পড়ে
ভোটের দেওয়াল লিখনের রঙ বইবার
রাজনীতির মিছিলেতে যোগ দেবার

এই কয়বার পার করলেই একেবারে মোক্ষলাভ
খিদে পেলেও বলি না আর চাটা পেলেও চাটিনা
পাড়ার নেড়িটার লেজেতে বাঁকার একঘেয়েমী।

স্বপ্নদর্শনে পুণ্য হয় কিনা জানি না
মাঝে মাঝেই দেখি স্বর্গের সিঁড়ি আলোকের হাতছানি
আমি অধার্মিক তা সবাই জানে
তবু ভগবানতো আমারও আছে বলো !

তার আর পর নাই

আজ বা কাল নয়
ছবিটা ঘুরিয়ে দেখি
বাতাসটা বদলেছে গাছ- পালা নদীও
আর !
বিছানার নেশা ছাড়ি
ক্লান্ত খরগোস কানখাড়া
ওখানেই জুজু আছে রাতজুজু ঢেউজুজু
আর !

ওড়নাটা দুহাতে সরিয়ে__
বড্ড পিপাসা তোমায় দেখে
শুষতে চাই তোমার দুচখ কালো তিল রাঙা ঠোঁট
আর !

কি হবে বলে?
মানহানির ভয়ে আমি আধমরা
খাবি খায় আমার পিপাসা নেশা- ধেড়ে যৌবন
আর!

কোকিল তুমি দেখেছো
ওরা ডাকে সুর তুলে মন ভুলে
পাল তোলা নৌকার ছায়া সরে যায় বয়ে ধায়
আর!

মনে হয় মিনমিনে গলা
তোমার ডাকের মতোই চেনা
পিছু দেখি পড়ে রয় বাসি শাড়ি ভাঙা চুড়ি
আর !

জলের সন্ধানে

সূর্য আকাশ আর পৃথিবীকে নিয়ে
ছবি আঁকতে বসেছি
মেঘগুলোকে আবছা কালচে করে
নীল পৃথিবীতে সবুজ আস্তরণ বিছিয়ে
তুলিতে হাত দিয়ে দেখি জল রঙ শেষ হয়ে গেছে।
এখনও অনেক বাকি
নীল আকাশ নক্ষত্র আর ঐ জ্বলজ্বলে সূর্যটাকে
ক্যানভাসে তুলতেও জল চাই রঙ চাই।

হাত পাতি বন্দী ঘরে জানালার ফাঁকে শূন্যে
শুকনো বাতাস
শূন্য তালুতে রাগভরা চুমু দেয়
এ তৃষ্ণা শীতের রোওয়াকে শোওয়া বেওয়ারিশ
ভিখারির উষ্ণতা চাওয়ার
মতোই হাস্যকর
রঙিন বসন্ত শেষে খটখটে দুপুরে জলের চাহিদা।
মায়া প্রেম আর আসক্তির মগজেতে
শক্ত গোজালের পেরেক ঠুকে ক্যানভাসে তুলি ঘষি
চোখ বেয়ে জল আসে
ফোঁটা ফোঁটা জল সূর্য আঁকার ফাঁকা জায়গার দিকে
তুলিতে মাখবো বলে দেখি
ফাঁকা সূর্যের তাপে সেটাও বাস্প হয়ে গেছে।

শীতঘুম

নীল মৃত্যু
আচ্ছন্ন কুয়াশার নীর
বিবশ চোখের তারায় স্বপ্ন মেখে
শূন্যে চাই।
সোনালী তারা রুপালী তারা
কানপেতে শোনা যায় ওরা
চুপি চুপি
হারানোর গুটি খোঁজে।

বার বার থামি
নিঃশ্বাসে হতাশের সুর
তাই ঝেড়ে পথের হদিশ
পথটাও সোজা বড়ো একঘেয়ে লাগে।
শীতল জমাটি বরফ
হিমেল মৃত্যুর হাতছানি
ঠাণ্ডা ভরা নীলিমায়
উত্তুঙ্গের যেন ক্লান্তি জাগে।

রুগ্ন সুর

অজানা অনেক
সীমানা পেরিয়ে এসেছি।
শীত গেছে
পাতা বেয়ে শীতল রেখার
রূপ ধরে।

ওরা এসে
ফিরে গেছে
একবার নয় অন্যবেলার অবসানে।
তৃষিত নদীর
ফল্গু ধারার ডাক
ঘুমভাঙানো হালকা হাওয়া
কোলেতে বালিশ রাখে।

মানি আজও
সেই বিকল্প নটীর নাচ
রঙ্গমঞ্চে নূপুর ঝুমুর সুরে।
পাঠশালা আজ ফাঁকা
রুদ্রবীণার তার ছিঁড়ে গেছে কবে
এসেছি এখানে ভাঙা বাজনার
সুর বেচবার তরে।

নির্বীজ স্বপ্ন

কত দিন পরে রাগ ভাঙে
তখনও অনেক পথ
আলোকবর্ষ সৌরদিন দুর্নিবার গতির বেলা ছেড়ে
মাঝরাতে বিছানাতে হাতড়িয়ে দেখি
নিজেরই সাজানো দেহ পড়ে।
তিনবেলা ঠিকানার খোঁজ
দিন গুনে মালাতে সুপ্তিকণা গাঁথি
চুমু খাওয়া রোদ্দুর
অবসর নেয় আমার তোমার মাঝ থেকে।

দু আঙুলে সুতোর খেই ধীর গতি হৃদয়টা
এবারও বিবর্ণ হয় হিসেবের খাতা,
সংখ্যাগুলো এলোমেলো
বাসি সব গুন ভাগ যোগ
বিয়োগের নামতায় ফের বান আসে
আবর্তে পলির দাগ মাখি।

তোমার কোলেতে নামে রাত
সিম সিম শিশিরের হালকা ছোঁওয়ায়
কানপাতি আলগোছে সেই তলপেটে
আমার ভ্রূণের বীজ
লুকিয়ে রয়েছে গিরিখাতে- অতল সে কৃষ্ণগহ্বর।

ডাক দিই দিবা নিশি
পথ হেঁটে ক্লান্ত আজ,
তোমার বুকেই মাথা রাখি
দু ঠোঁটের মাঝখানে একবার খুঁজি
স্বপ্নকে যদি যায় ছোঁওয়া।

বাসি জীবনের গান

কয়েকটি কথার মাঝে বিরতি,
নিভু নিভু দীপশিখা প্রদীপের মতো
আমারও বাঁচতে ইচ্ছা করে
জাগতে ইচ্ছা করে
সুসুপ্তির কিরন রেখায়
যদি ভোর হয় এই ভেবে।

নিদারুন শ্রমের ক্লান্তি
আমার শিয়রে রোজ কড়া নাড়ে,
বাধ্য প্রেমের বোঝা বইবার বাঁকা পিঠে
ভারবাহী
স্তাবকতার মৃত্যু যেন নেই।
ঘুম ভাঙে চড়ুইয়ের ডাকে চটক ভাঙে
এক ফোঁটা ওষুধের জেরে
বার বার তেতোই হয়ে যায় নিশ্চেষ্ট পৃথিবী।

নাও বাঁধা পাল খোলা
ঘরে ফেরার বেলা বওয়া দেখে
আড়মোড়া ভেঙে হাই তুলি।
উত্তরে হাওয়ার শীতে ঘোর লাগে
বসন্তের প্রৌঢ়ত্ব দেখে হাসি পায়,
চোয়ালে শপথের চাপা রঙ মেখে গান গাই
সেই গান
জন্মের পর দোলনায় প্রথম যে গান শুনি
ঘুম পাড়ানী ঘুম দিয়ে যাও
আমাকে আর
আমার অন্ধকারে থাকা জুলজুলে দুই চোখে।
চোখের পাতার কিনারায়
টুপটুপ শিশিরের ছোঁওয়া
আজকের দেনা
শুরু হয় আর একটা দিন বাতাসের ঋণ গায়ে মেখে।

ভগ্ন দূতের খোঁজে

উষ্ণ বালির নীচে স্বপ্ন খোঁজে চোখ
যেখানে যুদ্ধ হতো
যেখানে পায়ে পায়ে মৃত্যু গোণা যেতো
সেই বালি ঘেরা প্রান্তর
তাঁবুতে মাংস মদের ফোয়ারা উড়িয়ে তবে ছোটা।
স্থাপত্য কীর্তির নীচে ঢাকা পড়ে
দুর্মদ হানাদারি
অন্ধকারে অতর্কিতে
শুকনো বালিতে মুখ ঘষে ভয়াল শ্বাপদ।
বালিতে পিপাসা বাড়ে- সূর্য উঠে
পাথরে খোদাই লিপি বার্তা বয়
দ্বিগ্বিজয়ীর হস্তরেখায় রক্তের তরে উঠে ঝড়।
ভিন দেশি ভাস্কর
পাথরে পাথরে ছবি আঁকে
প্রেয়সীর ক্ষীণ কটি উন্নত বুকে দিবারাত্রি মৈথুন চলে
শিল্পীর ক্ষুধার্ত ছেনির।
একদিন স্বপ্ন শেষ হয়
শুধু মৃত্যুই শেষ হয় না
জীবদেহ ফসিল হলে বালির গোড়ায় ফোটে ঘাস
হাহাকারে বাতাস ভরিয়ে খোঁজা শুরু হয়
উষ্ণ বালির বুকে ঢাকা
মৃত্যুহীন ভগ্নদূতের ঘোড়ার ক্ষুরের দাগ।

মিথ্যুক

আজ বলি
আর বেশি দিন নয় আমার আয়ু ফুরিয়েছে
বাস্তব বা কল্পনা সবখানে একটা নেই এর অনুভূতি
আমার অস্তিত্ব যাবে মুছে।
কাকেই বা বলি
মৃত্যু নিয়েই জন্ম আমার
সহস্র বছর আগে।

নিস্তব্ধ জলের তলে
নিজের ছায়ার সাথে কথা বলে জেনেছি
আমিটা প্রেতাত্মা এক,
নরকে নরকে ঘোরা আমার জীবিকা
স্থাবর জঙ্গম কিছু নেই।
উৎকর্ণ চোখের কোণে আলো খেলে গেছে
সে আলোয় স্নান করে
পবিত্র আত্মার ব্রত নিয়ে ফের
মিথ্যা দিয়ে নিজেকে ভরেছি।

আজকে বলতে বাধা নেই
এযাবৎ সত্য বলিনি,
পুনর্জন্ম পাবার মতো একটিও পুণ্য যদি থাকতো আমার!
কিসের লোভেতে জানিনা
উলঙ্গ কঙ্কাল দেহে আতরের গন্ধ মেখে
আজীবন তপস্যার নামে নিজেকেই ঠকিয়েছি ফের।

এখন প্রানের মায়া নেই
বেপরোয়া অভিধানে দু চোখ বুলিয়ে
ঠোঁট নাড়ি সত্য বলার তরে
চোখ বুজে আসে – আড়ষ্ঠ জিভে একটিও শব্দ হয়না।

তানপুরাটা

রূপকথা আঙিনায় শুরু হয়েছিল আলাপটা
বহু বছরের আক্ষেপ গোড়ালীতে
বিনিদ্র রাতের চাওয়া টান মেরে ফেলে
ঢং ঢং ঘন্টার ছুটি ।
তখন সাঁঝতারার আলোও উঁকি দিচ্ছে
সূয্যি বিদায় নিয়ে আঁধারটা ফিকে থেকে গাঢ়
হঠাৎ দূর থেকে অস্ফুট পিছুডাক
ইচ্ছা আবেগ সব একাকার ।
দুর্নিবার সান্নিধ্যের টান বড়ো মায়া দিয়ে যায়
অনর্গল কথার মালা গেঁথে পথেরা পাড়ি দিলে
কাছাকাছি পাখি ফুল রঙ
ঠিক যেন স্বপ্নের রামধনু ।

রাতের বেহাগ ছেড়ে ভোরের আলোয় তানপুরাটা
হঠাৎ তার ছিঁড়ে বলে গেল সুর নেই
খেয়ালের ঢংএ রূপ নেই , ভালবাসা গন্ধটাও
নৌকার বৈঠায় কেবলই ছইয়ের ছায়া ।

তারপর , আবারও দিন এলো বাতাস বইলো
পথিকের পাশাপাশি কথারাও হেঁটে গেলো
অবাক সাঁঝবাতি নিজমনে এককোনে
শুধু তানপুরাটার পিছুডাক আর শোনা যায় না ।

মধ্যরাতের কবিতা (১)

বসন্ত বা শীত
   যে কোন সময়েই
   একটা মিষ্টি সুবাস তাড়া করে
   তোমার চুলের গোড়ার বিনুনীতে
      ও গন্ধ প্রথম আমি পাই।

সুরঞ্জনা,
      দিন দিন প্রতীক্ষার চেয়ে
      তিলে তিলে মরার ঘা
      আরো বেশী সহ্য হতো
         যদি তুমি প্রত্যাখ্যান করতে।

আমার নীলকণ্ঠ পাখি
আমিই উড়িয়েছি,
উঠোন বাগান পেরিয়ে
চালের গোলা শস্যের আড়ত ছাড়িয়ে
সে এখন প্রসব করতে ব্যস্ত
      জারজ ডিমের।

এখন বলো
      সাত দিন পরেও দেখা হলে
      তুমি তো চুপ হতে না।
      আঁচড়ে কামড়ে হাড় জিরজিরে বুকে
      সসাগরা ঢেউয়ের মালায়
      প্রশ্নই করে যেতে শুধু
         জবাবের পরোয়া না করে।

বাতাস আজকে থমকে
তোমার চুলের বিনুনির গন্ধে,
	সুরঞ্জনা
	ফিরে এসো তুমি।

এখন মাঝরাত
	দূরে ঝি ঝি ডাকের সুর
	একটানা কুকুরের ডাক
	বোধ হয় এবার থামবে।

ভীষন ভাবে চাই
	অসহ্য ঝলকানির সাথে
	কড় কড় শব্দে একটা বাজ পড়ুক
	রাতের নীরবতা ভেঙে সবাই জাগুক
	তবে আমি আর একা রবনা
		সুরঞ্জনা –
		তুমি কি শুনছো ?

দেখো এবার থেকে
	প্রতিদিন সন্ধ্যায়
	তোমায় গান শোনাবো
	নীলকণ্ঠ নয়,
	একতারা বাউলের গান –বেসুরো
		তবুতো গাইবো।

হাজার মোমবাতির সারি
	তুলতুলে আলোয় স্নান সেরে এসে
	পূজার শেষে
	আমায় প্রসাদ দিও
	সুরঞ্জনা
	আমিও পবিত্র হতে চাই।

এবার থামতে হবে
তুমিতো ঘুমোতে বলেছিলে
তাই –
চোখের তারায় ঘুম আঁকি,
পলক পড়েনা।

মধ্যরাতের কবিতা (২)

অখণ্ড অবসর নিয়েছি
ফেনিল সমুদ্র থেকে
নোনাধরা বালুচর থেকে।
দুপাশে উন্মুক্ত ডানা মেলে
          সিগালের দল
শীত শীত জমাটি বরফে
চঞ্চুর উষ্ণ আহ্বানে
          বান আনে হৃদয়ে আমার।

আমার মিয়ামি
নীল জল পরী চাঁদ আনে দুমুঠোয় ভরে
চুমু দেয় ভোর রাতে
আমার ঘুমের বেলা গেলে সূর্য দেখি
নীল ফেনা রাঙিয়ে উঠেছে পূবদিকে।

কত শত নাবিকের মতো
আমিও বৈঠা নিই
কম্পাসে চোখ রাখি
দিন দেখি রাত দেখি আবার দেখার পালা গেলে
নিজেকেই মেপে নিয়ে
কোন যেন দ্বীপের ভিতর শঙ্খ ফেলে
চুনির খোঁজেতে চোখ বুজি।

দুচোখেতে নোনা হাওয়া
গাল থেকে চুলের শিরায় নেশা আনে
ফেনিল সাগরে আনে যেন
ফাগুনের গান
আমার হৃদয়ে সাগরের করুন মূর্ছনা ।

ঢেউতে লবঙ্গ বীজ বুনে

দূর থেকে দিগন্তে
আমি চোখ মেলি
শুধু আমি আর আমি
আমার যমজ রূপ দেখি
কেমন সে হেঁটে চলে সাগরের জলে।

তুফানের বেগ বাড়ে
সুপ্তি কনা ঘূর্ণির ফাঁকে
তেমন আমার হাসি
হারিয়ে বিকল মন
নীড় খোঁজে নীরমাঝে
অবুঝ সান্ত্বনা – নীরবের মৃত্যু গুণি ফের।

আশেপাশে কেউ নেই
এখন রাত্রি
নিরন্ধ্র অন্ধকারে পদধ্বনি শুনি
ওই আসে নির্ভীক শ্বাপদের মতো
আমার চোখের দিকে ধেয়ে
জারোয়ার তীর
নির্নিমেষ পলকের ভারে
চোখ দুটি শ্রান্ত হয়ে আসে।

শিকর

গন্ধ শুঁকি শুকনো বাতাসের
একখানা চিল – দুইখানা ডানা,
ভিজে পাখনার নীচে আঁশটে গন্ধের পালক
নীলচে আকাশটা ছুঁয়ে
হাত পাতি সবুজ ঘাসের ডগায়।

কেবলই মনে হয়
জলের তলায় ডুব দিই,
হাটু ভরা পাঁকের তলায় মুক্তো খুঁজি
ঝিনুকের খোলক ছাড়িয়ে
পিচ্ছিল মাংস কেটে দিয়ে।

যতবারই হাঁটি
শুধুই পিছন ফিরে চাই,
দিগন্তে ওড়না ঢেকে সবুজের ঘুম
আড়মোড়া ভেঙে হাই তুলি
তৃষ্ণারা দুই চোখ মেলে।

থামতেই হয় অবশেষে
চোখ বুজে দেখি
উড়ন্ত মেঘের পিছু পিছু
ছুটেই চলেছে ভিজে মন
সারা গায়ে জলকনা মেখে।

কার তরে গান

স্থির করি আজকেই শেষ হয়ে যাক
          আজকেই ভেঙে যাক
কিম্বা আজকেই স্মৃতি সব মুছে যাক
কার?
          তোমার আমার মাঝে দিন গুলির।

ঝেড়ে ফেলি কল্পনার সবটুকু স্বত্ব
          নিখুঁত হিসাবের তত্ত্ব
কিম্বা নিংড়ে দিয়ে আমার মাঝের তুমিত্ব
কার?
          হৃদয়ের মাঝে জমা রক্ত কনিকার।

দূর করি কথা মালার ফুলগুলি
          সুখের ঠিকানা আঁকা বুলবুলি
কিম্বা তোমার আমার রঙ তুলি
কার?
          মনের ভিতরে জমা তোমার চিন্তার।

ফেলে দিই জমানো বেদনার রাশি
          কাঁদানোর আগের সেই হাসি
কিম্বা তোমার সুরের বাঁধা বাঁশি
কার?
          আমার দুচোখ ভরে তোমায় দেখার।

স্পর্শক

যখন আকাশে অন্ধকার
ফালি ফালি মেঘের মাঝে টুকরো হাওয়ায়
বাঁশপাতা নড়ে
শুকনো খেজুর পাতা কাঁটা নিয়ে ঝরে পড়ে।

ভাঙা মন্দিরে
গজানো অশ্বত্থ শাখায়
একখানা রাতচোরা ডাকে
ঘুম ভেঙে চোখ মেলে দেখি
আমিও জেগেছি।

আধখানা চাঁদ
কালো কালো দাগে ভরা
আমার দুগালে, চোখে-মুখে চুমু দিয়ে যায়
মনে হয় পৃথিবীতে
নিজেই নিজেকে কবে খুন করে গেছি।

তখন মেঘগুলো সরে গেলে
আলো দেয় আধখানা চাঁদ,
ঘর ছেড়ে বিছানাও ছেড়ে বের হই
রাত চোরা ডাক থেমে এলে
হাত পাতি শূন্যেই।

দুই হাত পাতি
দুমুঠো জ্যোৎস্না নিয়ে দুই গালে মাখি
তখন অবাক –
গাল ছেড়ে জ্যোৎস্নার ঢেউ নগ্ন শরীরে
ছুঁয়ে যায় সর্বাঙ্গে আমার।

www.ingramcontent.com/pod-product-compliance
Lightning Source LLC
Chambersburg PA
CBHW060534030426
42337CB00021B/4250
* 9 7 8 8 1 9 3 4 5 4 9 1 6 *